정조는 왕위에 오르자마자
규장각을 두어 자신의 권력과 정책을
뒷받침할 수 있는 정치 기구로 삼았어요.
규장각은 정조 시대의 문예 부흥과 개혁 정치의
중심이 되었지요. 정조에 이어 왕위에 오른
순조는 안동 김씨와 풍양 조씨 등의
세도 정치에 시달렸어요.

추천 감수 박현숙(고대사)

고려대학교 사범대학 역사교육과를 졸업하고 동 대학원에서 문학박사 학위를 받았습니다. 현재 고려대학교 사범대학 역사교육과 교수로 재직 중이며, 백제 문화와 고대 인물사 등에 대한 활발한 연구를 계속하고 있습니다. 쓴 책으로 〈백제의 중앙과 지방〉, 〈한국사의 재조명〉 등이 있습니다.

추천 감수 정구복(고려사 · 조선사)

서울대학교 사범대학 역사교육과를 졸업하고 서강대학교에서 문학박사 학위를 받았습니다. 한국학중앙연구원 한국학대학원의 교수로 재직 중이며, 한국학중앙연구원 한국학대학원 원장을 역임하였습니다. 쓴 책으로 〈한국인의 역사 의식〉, 〈역주 삼국사기〉, 〈한국 중세 사학사 1, 2〉 등이 있습니다.

추천 감수 김한종(근현대사)

서울대학교 사범대학 역사교육과를 졸업하고 동 대학원에서 역사교육을 전공하여 문학박사 학위를 받았습니다. 현재 한국교원대학교 교수로 재직 중입니다. 쓴 책으로 〈역사 교육 과정과 교과서 연구〉, 〈역사 교육의 내용과 방법〉(공저), 〈한 · 중 · 일 3국의 근대사 인식과 역사 교육〉(공저), 〈역사 교육과 역사 인식〉(공저) 등이 있습니다.

고증 문중양(과학사)

서울대학교 계산통계학과를 졸업하고 동 대학원에서 이학박사 학위를 받았습니다. 쓴 책으로 〈우리 역사 과학 기행〉, 〈우리의 과학문화재〉(공저), 〈세종의 국가 경영〉(공저) 등이 있습니다.

고증 정연식(생활사 및 복식)

서울대학교 국사학과를 졸업하고 동 대학원에서 문학박사 학위를 받았습니다. 쓴 책으로 〈조선 시대 사람들은 어떻게 살았을까?〉(공저), 〈일상으로 본 조선 시대 이야기 1, 2〉 등이 있습니다.

글 박영규

1996년 밀리언셀러 〈한권으로 읽는 조선왕조실록〉을 출간한 이후 〈한권으로 읽는 고려왕조실록〉, 〈한권으로 읽는 백제왕조실록〉, 〈한권으로 읽는 신라왕조실록〉 등 '한권으로 읽는 역사 시리즈'를 펴내면서 쉽고 재미있는 역사책 읽기의 바람을 일으켰습니다. 그 외에도 〈교양으로 읽는 한국사〉 등의 많은 역사책을 썼습니다.

그림 이남구

대학에서 동양화를 공부하고 제1회 I.P.C 국제그림동화원고전, 예술의 전당 한국동화그림전에 초대받아 출품했습니다. 어린이 문화진흥회 동시화공모전 기성부문 동상을 수상하였으며 현재 프리랜서 일러스트레이터로 활동하고 있습니다. 그린 책으로 〈탐정대장 섀클턴〉, 〈발해를 꿈꾸며〉, 〈황금 똥을 누는 고양이〉 등이 있습니다.

이미지 제공

연합포토, 중앙포토, 국립중앙박물관, 국립부여박물관, 국립경주박물관, 국립민속박물관, 유연태(사진작가), 허용선(사진작가)

광개토 대왕 이야기 한국사 56 조선

조선의 전성기를 이루다

총기획 및 발행인 박연환
발행처 (주)한국헤르만헤세
출판등록 제17-354호
연구개발원 경기도 성남시 분당구 금곡동 444-148
대표전화 (031)715-7722
팩스 (031)786-1100
본사 서울시 송파구 석촌동 7-3
대표전화 (02)470-7722
팩스 (02)470-8338
고객문의 080-715-7722
편집 임미옥, 백영민, 윤현주, 지수진, 최영란
디자인 장월영, 주문배, 김덕준, 김지은

ⓒ Korea Hermannhesse

이 책의 표지는 일반 용지보다 1.5배 이상 고가의 고급 용지인 드라이보드지를 사용해 제작하였습니다. 표지를 드라이보드지로 제작하면 습기의 영향을 덜 받기 때문에 본문 용지가 잘 울지 않고, 모양이 뒤틀리지 않아 책을 오랫동안 보존할 수 있습니다.

이 책은 기존의 석유 잉크 대신 친환경 식물성 원료인 대두유 잉크를 사용하여 인쇄하였습니다. 대두유 잉크는 선진국에서 널리 사용하고 있는 고가의 대체 잉크로, 휘발성이 적어 인쇄 상태의 보존이 용이하고, 인체에 무해할 뿐만 아니라 눈에 부담을 주지 않는 자연스러운 색을 내는 특징이 있습니다.

조선의 전성기를 이루다

감수 **정구복** | 글 **박영규** | 그림 이남구

한국헤르만헤세

찬란한 문화를 꽃피운 정조

살얼음판에 선 정조

1776년 3월, 영조의 손자이자 사도 세자의 아들인 산이
왕위에 올랐어요.
그가 바로 조선의 찬란한 문화를 꽃피운 제22대 왕
정조예요.
산은 일곱 살에 왕실의 정식 후계자인 세손이 되었어요.
하지만 아버지가 죽은 뒤 외로운 처지에 놓였지요.
"무슨 일이 있어도 세손이 왕위를 잇게 해서는 안 됩니다."
"옳소. 세손이 왕이 되면 우리는 모두 죽은 목숨이오."
산이 세손으로 정해지자 사도 세자를 죽음으로
몰고 간 노론 벽파는 마음을 졸였어요.
노론 벽파에는 정조의 외할아버지인 홍봉한과
그의 동생 홍인한도 포함되어 있었어요.
특히 홍인한은 세손의 왕위 계승을 강하게 반대한
사람 가운데 한 명이었지요.

7

세손을 죽이려는 사람 중에는 화완 옹주도 있었어요.

화완 옹주는 영빈 이씨의 딸로, 사도 세자의 누이동생이에요.

화완 옹주는 노론 집안으로 시집간 뒤부터

오라버니인 사도 세자를 없애기 위해 온갖 꾀를 다 썼어요.

그래서 걸핏하면 어머니를 찾아가 졸랐지요.

"오라버니는 정상이 아니에요. 그냥 두면 큰일이 날 테니

아바마마께 빨리 쫓아내라고 말씀하세요."

딸의 말만 듣고 영빈 이씨는 영조에게 이렇게 말했어요.

"아무래도 세자는 제정신이 아닌 듯합니다.

날마다 왕실에 망신을 주고 있으니, 차라리 죽이세요."

사도 세자를 이렇게 죽음으로 몰고

간, 화완 옹주는 세손이 왕위에

오르는 것이 두려웠어요.

자신과 어머니에게

복수를 할지도 모른다고

생각했지요.

그래서 더욱 세손의

왕위 계승을

막으려고 한 거예요.

왕이 용상에 앉으면
신하들은 엎드려
'천세'를 외치지요.

▲ 근정전 용상

화완 옹주는 정후겸이라는 인물을 양자로 삼고,
세손의 외가 세력인 홍인한까지 끌어들여 틈만 나면
세손을 없애려고 했어요.

어느덧, 세손이 어엿한 청년이 되었어요.
세손은 노론들이 자신의 목숨을 노리고 있다는 사실을
잘 알고 있었어요.

'내가 저들에게 당하면 왕실은 물론 나라도 무너질 것이다.
어떻게든 저들을 누르고 왕위에 올라야 한다.'

세손은 아무도 모르게 자신을 지켜 줄 세력을 키웠어요.
대표적인 인물이 홍국영이었지요.

홍국영은 홍봉한과 같은 집안이었지만, 자신을 몰락한
집안의 아들이라고 무시하는 그를 싫어했어요.

과거 급제 후 세자시강원의
관리가 된 홍국영은 세손을
모시는 일에 앞장섰어요.

세손 또한 굳은
충성심으로 자신을
보호하는 홍국영을
믿고 의지했지요.

세손을 죽이려는 세력이 자객을 보내기도 했지만,
홍국영과 그 수하들이 이를 잘 막아 냈어요.
그런 가운데 영조의 병은 점점 깊어졌어요.
영조는 신하들을 불러 놓고 말했어요.
"내가 나랏일을 못 보니 세손에게 대리청정을 명하노라!"
영조의 명에 놀란 화완 옹주가 말리고 나섰어요.
"아바마마, 대리청정이라니요. 세손은 아직 어려
정치를 모릅니다. 그러니 명을 거두어 주시옵소서."
정후겸과 홍인한도 강하게 반대했어요.
영조는 조정의 대신들이 하나같이 세손을 해치려
한다는 것을 알고 괘씸한 생각이 들었어요.
한편으로 세손을 위해 바른말을 해 줄 신하가 없는 것이
안타까워서 깊은 한숨을 내쉬었어요.
그런 영조의 마음을 꿰뚫어 본 사람이 바로
세손의 충복인 홍국영이었어요.
홍국영은 참판을 지냈던 소론파 서명선을 찾아갔어요.
"세손에게 대리청정을 맡기는 것은 옳은 일이며,
세손의 내리청정을 막는 이들은 나쁜 마음을 품은
자들이라고 상소를 올려 주십시오.
이것이 노론의 기세를 꺾을 좋은 기회가 될 것이오."

영조는 상소를 읽고 세손에게도 충신이 있다며 흐뭇해했어요.

"당장 홍인한을 내쫓고 세손이 대리청정을 하도록 하라!"

이렇게 해서 세손이 왕권을 손에 쥐게 되었어요.

홍인한과 정후겸 일파는 세손을 없애려 안간힘을 썼지만,

세손 곁에는 홍국영과 호위 무사들이 버티고 있었어요.

1776년, 마침내 영조의 뒤를 이어 정조가 왕위에 올랐어요.

정조는 곧바로 홍인한을 비롯한 노론 세력을 쫓아내고,

정후겸을 귀양 보냈어요. 화완 옹주는 평민으로 신분을 낮추어

제주도로 귀양 보냈지요.

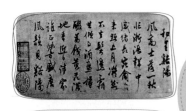

정조는 학문이 깊었을 뿐만 아니라 시와 글, 그림에도 솜씨가 뛰어났대.

▲ 정조의 시(위)와 국화도(아래)

몰려드는 젊은 인재들

정조는 왕을 지키고 보호하는 숙위소를 만든 후, 날랜 병사들을 뽑아 궁궐을 지키도록 했어요. 또한 홍국영을 도승지로 삼고 숙위 대장을 겸하게 하는 등 홍국영에게 막강한 권력을 주었어요.

또한 정조는 홍국영이 더욱 힘을 키울 수 있도록

그의 여동생을 후궁으로 맞아들였어요.

이렇게 되자 홍국영은 조선 최고의 권력자가 되었어요.

직위는 도승지였지만 정승과 판서를 비롯해 조정의 모든 신하들이

그에게 머리를 숙여야 했지요.

조선 팔도의 모든 수령과 아전까지 홍국영의 지시를

받는다고 해도 지나친 말이 아니었어요.

"홍국영이라면 날아가는 새도 떨어뜨릴 수 있을 거야."

이처럼 왕의 신임을 등에 업고 권력을 휘두르는 것을

'세도 정치'라고 해요.

정조는 왕권을 거의 홍국영에게 내주다시피 한 뒤,

규장각을 짓고 인재를 키우는 데

힘썼어요.

사실 정조와 홍국영 사이에는

이런 약속이 있었어요.

"자네가 몇 년 동안만 조정을

이끌어 주게. 나는 그동안

인재를 길러 치밀하게

준비해 나가겠네."

왕보다 권력이 더 큰 것 같아.

정조에게 속뜻이 있는 게 아닐까?

"폐하, 걱정하지 마십시오. 소인이 천하의 악당이라는
소리를 들어도 그것이 폐하와 나라를 위한 일이라면
기꺼이 받아들이겠습니다."
정조는 신하들의 눈을 홍국영에게로 쏠리게 한 다음,
먼저 규장각을 지어 인재를 끌어모았어요.

"규장각의 인재를 통해 혁신 정치를 펼치리라."

정조의 즉위 초기인 1776년만 하더라도 규장각은
활자나 책을 펴내는 곳에 지나지 않았어요.
하지만 점차 정치를 토론하고, 나랏일을 의논하며,
인재를 키우는 곳으로 바뀌어 갔어요.
정조는 규장각을 세종 때의 집현전과 같은 곳으로
만들고 싶었던 거예요.
정조는 그동안 정계에서 밀려났던 남인을 많이 뽑았어요.
대표적인 인물이 채제공과 정약용이었어요.
또한 규장각을 통해 박제가, 유득공, 이덕무 등
젊은 학자들도 많이 받아들였어요.
그 사이 홍국영은 조정의 벼슬자리는 물론이고
지방 관리의 임명까지 제멋대로 했어요.
그러자 그를 쫓아내야 한다는 상소가 잇따랐어요.
노론 벽파는 물론이고 새 관리들도 상소를 올렸어요.

15

새로운 관리들까지 홍국영에 대한 상소를 올리니
정조도 더 이상 모른 척할 수 없었어요.
"홍국영, 그대가 지난 4년 동안 약속을 잘 지켜 준 덕분에
나는 많은 인재를 얻을 수 있었네. 그러나 슬프게도
이제 자네와 헤어져야 할 때가 온 듯하네."
"폐하, 소신 홍국영은 언제든 소임이 끝나면 고향에 내려가
조용히 숨어 살아야겠다는 생각을 하고 있었습니다.
망설이지 말고 소신을 쫓아내소서."
다음 날, 정조는 문무백관들 앞에서 명을 내렸어요.
"홍국영의 관직을 빼앗고, 평민으로 낮추어 지방으로 내쫓으라!"
"폐하, 부디 성군이 되소서. 이제 신 홍국영은 산속에 묻혀
이름 없이 살다 죽겠나이다."
홍국영의 세도 정치는 이렇게 끝났어요.

밀려드는 천주교의 물결

홍국영이 떠난 뒤 정조는 직접 나라의 모든 일을 돌보았어요.
지난 4년 동안 키워 온 규장각을
나랏일을 결정하는 중심 기관으로 삼았지요.
이 과정에서 정조는 시파를 가까이하고 벽파를 멀리했어요.

시파는 사도 세자의 죽음을 안타까워하는 사람들이에요.

주로 남인과 소론, 그리고 노론의 일부가 여기에 속했어요.

벽파는 사도 세자가 마땅히 죽을 만했다고 생각하는 사람들이에요.

대부분의 노론이 여기에 속했지요.

정조는 시파와 벽파를 효과적으로 이용했어요.

그리고 영조의 '탕평책'을 이어받아 조정을 이끌어 갔어요.

그러나 천주교인이 빠르게 늘어나면서 조정은 시끄러워졌어요.

폐하, 부디
큰 뜻을 이루소서.

조선에 천주교가 처음 전해진 것은 광해군 때예요.

그때는 천주교가 별로 문제가 되지 않았어요.

하지만 정조 때에 이르자 천주교를 믿는 사람이 1만 명을 넘어섰어요.

이처럼 천주교인이 크게 늘어나자 벽파는 천주교와 함께

서양 문화가 들어와 조선의 미풍양속을 해친다고 생각했어요.

그들은 천주교인을 잡아들이라고 강력하게 주장했어요.

하지만 정조가 아끼는 시파는 천주교를 좋게 생각했어요.

"천주교에는 발전된 문물이 포함되어 있습니다.

총포도 원래 서양에서 만든 것을 일본이 들여온 것입니다.

일본은 호시탐탐 우리 조선을 넘보고 있습니다.

그러니 우리도 서양 문명을 익혀 대비해야 할 것입니다."

정조는 은근히 시파의 편을 들었어요.

"우리나라는 예로부터 남의 종교를 박해하지 않았소.

게다가 미풍양속을 해친 적도 없으니 미리 걱정할 필요는 없소."

하지만 벽파의 반발도 만만치 않았어요.

"조선은 유학을 기초로 세워진 나라로 효가 근본입니다.

천주교는 조상을 섬기기는커녕 제사도 지내지 않는다니,

저들을 그냥 두면 큰 문제를 일으킬 것입니다."

"유학을 더욱 발전시키면 그런 종교를 믿는 사람들은

저절로 사라질 것이오.

그러니 천주교인들을 그냥 놔두는 게 좋겠소."
정조는 이런 식으로 벽파의 공격을 피해 갔어요.
그런데 1791년, 엉뚱한 사건이 일어나 정조와
시파 세력을 크게 당황하게 만들었어요.

전라도 진산에 사는 천주교 신자 윤지충은

어머니가 죽자 천주교식으로 장례를 치렀어요.

그러자 친척들은 물론 지방의 양반들까지 몰려와 그를 비난했어요.

이 문제가 크게 불거져 결국 조정의 논란거리가 되었어요.

벽파는 심환지를 앞세워 윤지충의 행동을 비판했어요.

"어찌 어머니의 장례를 서양 풍습에 따라 치를 수 있단 말입니까?

폐하, 이는 나라의 풍습을 어지럽히고 부모를 욕되게 한 것이니,

무거운 벌로 다스려야 할 것입니다."

그러자 시파인 권상연이 윤지충의 편을 들었어요.

권상연은 윤지충의 친척이자 천주교 신자였어요.

"예법은 시대와 장소에 따라 달라질 수 있는 것이오.

윤지충은 천주교인으로서 자신이 믿는

종교에 맞게 장례를 치렀는데,

그것이 어째서 문제란 말이오?"

정조가 벽파와
시파 사이에서
곤란하겠어.

어쩐지
아슬아슬한걸?

▲ 조선의 예법을 해설한 책인
〈가례증해〉

이렇게 해서 조정은 벽파를 중심으로 뭉친 '공서파'와

시파를 중심으로 한 '신서파'로 갈라져 치열한 다툼을 벌였어요.

공서파는 서양 문물을 받아들이는 것을 반대하는 무리이고,

신서파는 천주교를 믿거나 받아들이는 것에 찬성하는 무리예요.

날이 갈수록 두 세력 간에 다툼이 심해지자,

정조는 결국 권상연과 윤지충을 처벌하기로 했어요.

조선 왕조가 유학에 뿌리를 두고 있는 만큼

천주교인을 무턱대고 봐줄 수는 없다고 생각한 거예요.

"권상연과 윤지충을 심문하고, 죄가 밝혀지면 사형에 처하라!

또한 천주교인을 모두 잡아들이도록 하라."

이 일로 조선의 천주교인들이 죽임을 당하거나

벌을 받았어요. 이 사건이 1791년 신해년에

일어났기 때문에

'신해박해'라고 해요.

신해박해 이후 조정에서는

벽파의 세력이 커졌고,

반대로 시파는 궁지에

몰렸어요.

18세기 말부터
19세기 중엽까지의
천주교 박해에 관한
여러 문헌을 모은 책이야.

▲ 〈벽위편〉

신해박해가 있은 지 4년 뒤인 1795년, 중국인 신부 주문모가
몰래 조선으로 들어와 선교 활동을 하다가 붙잡혔어요.
그러자 시파, 그중에서도 남인이 어려운 처지에 빠졌어요.
왜냐하면 남인은 천주교를 좋게 여겼기 때문이에요.

천주교를 거세게 반대하던 심환지가 먼저 공격했어요.
"천주교를 금지했는데, 외국인 신부가 활동을 하다니요!
이 일은 분명 천주교를 믿는 자들이 저지른 일입니다.
조정의 대신 중에 천주교를 믿는 자부터 찾아내 모두
엄히 다스려야 할 것입니다."
심환지가 공격하려는 사람은 정조의 총애를 받는
영의정 채제공과 병조 참의 정약용이었어요.
정약용은 천주교 신자는 아니었지만,
그의 형인 정약전과 정약종이 모두 천주교인이고,
절친한 사이인 이가환과 이승훈도 천주교인이었어요.
정조는 정약용을 불러 정말 천주교인인지 물었어요.
"폐하, 소신은 천주교에 관심이 있는 것이 아니라
서양의 과학과 의학, 천문과 지리에 관심을 가진
것뿐이옵니다."
정조는 벽파의 상소를 계속 무시할 수는 없었기
때문에 정약용의 벼슬을 종6품으로 낮추고
지방으로 내려보냈어요.
1799년, 정조는 정약용을 불러올려 병조 참의
벼슬을 내렸어요.

▲ 한국 최초의 외국인 천주교 신부,
주문모

그러자 위협을 느낀 벽파가 크게 반발했어요.

이에 정약용은 자신은 천주교인이 아니며, 다만 서양의 과학과 기술을
학문적으로 연구할 뿐이라는 글을 써서 내놓았어요.

정조는 대신들을 모아 놓고 이렇게 말했어요.

"정약용이 서양 학문에 관심이 많다는 것은 잘 알려진 바이다.

지난번 화성을 쌓을 때 이용한 거중기도 서양 역법을 이용해 만든 게 아닌가?

그러니 정약용의 참의 임명을 더 이상 반대하지 마라."

그러나 정약용은 벼슬을 내놓고 물러가겠다는 뜻을 밝혔어요.

바른 정치를 펼쳐 백성을 돌보아야 할 대신들이 오로지
당파 싸움만 일삼는 모습에 실망했기 때문이에요.

정조는 여러 차례 달래며 정약용을 붙잡으려고 했어요.

"정약용, 어찌하여 그대마저 내 곁을 떠난단 말인가?
조정은 온통 벽파 세력이 판치네. 제발 내 곁에 남아 주게."

그러나 정약용은 정조의 간절한 손길을 뿌리치고,
1800년 봄에 가족을 이끌고 고향으로 돌아갔어요.

정조는 사람을 시켜 정약용에게 편지를 보냈어요.

"그대는 어찌하여 과인의 마음을 이토록 아프게 하는가?

그대가 진정 이 나라를 생각한다면 즉시 돌아오라!"

정조의 애타는 편지를 받고 마음이 움직인 정약용은
마침내 다시 한양으로 올라왔어요.

이즈음 정조는 병이 깊어 몸과 마음이 쇠약해진 상태였어요.
몸에 큰 종기가 있었는데, 끊이지 않는 고민과 긴장 탓인지
그 증상이 나날이 심해졌지요.
1800년 6월, 정조는 크게 품었던 꿈을 미처 이루지 못한 채
급작스럽게 세상을 떠나고 말았어요.
정조의 죽음에 대해서는 벽파 쪽에서 은밀히 죽였다는
이야기도 전해지고 있지만, 확실한 증거는 없어요.

실학의 최고봉, 정약용

정약용은 1762년에 경기도 광주에서 태어났어요.

아버지 정재원이 호조 좌랑에 임명되어 한양으로 올라왔지요.

정약용의 외할아버지 윤두서는 당시에 굉장히 유명한 학자였어요.

윤두서의 집 서재에는 수많은 책이 있었지요. 정약용은

외할아버지의 집에서 살다시피 하며 그 책들을 모두 읽었어요.

이가환, 이승훈 등 젊은 학자들과도 어울렸지요.

정약용은 21세에 과거에 급제하여 벼슬길에 올랐어요.

어느 날, 정조가 정약용을 불렀어요.

"그대의 이름은 익히 들어 알고 있었네. 그대의 학식에 대한

소문이 도성 안팎에 자자하더군.

그대에게 〈중용〉을 배우고 싶은데, 내게 한 수 가르쳐 주겠는가?"

"보잘것없는 제가 어찌……."

"허허, 사양하지 말고 짐이
바르고 어진 정치를 펼 수 있는
방법을 알려 주게나."

이렇게 정조와 인연을 맺은
정약용은 나중에 실학의 발전을
이끌어 나간 대학자가 되었어요.

정약용은
조선 후기 최고의
지식인이야.

이런 훌륭한 분이
정치를 해야 해.

정약용이 승정원 일기를 기록하는 가주서의
일을 맡아보고 있던 때의 일이에요.
"짐이 능에 다녀오려고 하는데
비용이 너무 많이 들겠구나.
비용을 줄일 수 있는 방법이
없겠느냐?"

짐에게
그대의 학식을
나눠 주겠는가?

성은이
망극하옵니다.

'강을 바로 건너면 시간과 비용을 줄일 수 있는데…….'

정약용은 궁리 끝에 무엇인가를 그려 정조에게 갔어요.

"필요할 때 강에 다리를 놓을 수 있는 방법을 찾았습니다.

배들을 나란히 엮어 다리를 놓으면 되옵니다.

이것이 배의 설계도입니다. 폐하께서 능에 가실 때

배다리를 설치하면 시간과 비용을 줄일 수 있습니다."

"그게 가능하겠는가?"

이처럼 정약용은 놀라운 발명을 많이 했어요.

정약용의 발명품 가운데 거중기가 가장 유명해요.

1794년, 정조는 수원에 화성을 쌓기로 했어요. 이때 정약용은

거중기를 만들어 공사 기간과 비용을 줄였어요.

화성이 완공되자 정조는 더욱더 정약용을 아끼게 되었어요.

정약용이 정조의 사랑을 받자 이를 시기한 조정 대신들이

그를 천주교인으로 몰아 내쫓으려 했어요.

벼슬아치들이 권력을 지키는 데만 정신을 쏟자

이에 실망한 정약용은 벼슬을 내놓고 고향으로 돌아갔어요.

1800년 봄, 정조의 간절한 부탁으로 다시 조정으로 돌아왔지만

얼마 지나지 않아 정조가 세상을 떠나고 말았어요.

정조가 죽자 벽파는 정약용을 강진으로 귀양 보내고

제멋대로 정권을 휘둘렀어요.

정약용은 강진의 만덕리에 초가를 지어 놓고
그곳에서 학문을 익히고 글 쓰는 일에만 힘썼어요.
〈목민심서〉와 〈경세유표〉를 비롯하여
〈흠흠신서〉, 〈다산총서〉 등 508권이나 되는 책을 썼지요.
18년 동안 귀양지에서 학문을 닦으며 글쓰기에 힘쓰던 정약용은
1836년, 75세의 나이로 세상을 떠났어요.

열한 살의 어린 왕 순조

세도 정치의 시작

정조의 갑작스러운 죽음은 조선에 큰 변화를 가져왔어요.
서양 문명을 받아들이는 데 너그러웠던 정조가 죽자,
벽파가 유교의 잣대를 들이대며 시파를 몰아내려 했어요.
그 중심에는 어린 순조를 대신해 수렴청정을 한
정순 왕후가 있었어요.
"우리 집안 사람들의 한을 풀어 줄 것이다."
정순 왕후는 육촌 오빠인 김관주를 이조 참판에
앉힌 뒤, 심환지가 이끌던 벽파 세력을 많이 뽑아 썼어요.
김관주는 시파를 이끌고 있는 남인 중에
천주교인이 많다는 걸 알고, 그들을 없애기로 했어요.
"천주교인은 유학을 우습게 여기니,
이들을 잡아들여 나라의 기강을 바로 세울 것이다."
정순 왕후도 약속이나 한 듯 명령을 내렸어요.
"천주교인을 모조리 잡아들여라!"
군대와 포졸이 동원되어 전국 방방곡곡에서 천주교 신자
수만 명을 잡아들여 죽였어요.

이때 수많은 시파의 벼슬아치들이 죽거나 귀양을 갔어요.

이가환, 권철신, 이승훈, 정약종, 정약전 등이 그들이지요.

1801년에 일어난 이 사건을 '신유사옥' 또는 '신유박해'라고 해요.

이제 조정은 완전히 벽파의 손으로 넘어간 듯했어요.

그러나 조정에는 아직 시파가 남아 있었어요.

바로 김조순이었어요.

가까스로 목숨을 건진 김조순은 왕실 종친을 찾아다니며

자신의 딸을 왕비로 정해 달라고 부탁했어요.

"소신의 딸은 세자빈으로 확정된 처지였습니다.

이대로 내치시면 제 딸은 평생 홀로 살다가 죽어야

합니다. 신의 딸을 가엾게 여기시어 은혜를 베푸소서."

"하지만 그대가 시파여서 벽파의 반대가 너무 심하네.

혹시 정순 왕후께서 받아들이면 모를까…….

아무튼 한번 얘기는 해 보겠네."

정순 왕후는 조정에서 시파를 완전히 몰아낼 생각이었어요.

당연히 김조순도 쫓아내려고 했지요.

그런데 왕실 종친들이 예정대로 김조순의 딸을

왕비로 맞이해야 한다는 의견을 밝혀 왔어요.

"김조순의 딸을 왕비로 정하는 것이 옳습니다."

정순 왕후는 결정을 앞두고 고민을 거듭했어요.

김조순이 정순 왕후를 찾아온 것은 그때였어요.

"마마, 소신은 당파에는 전혀 관심이 없사옵니다.

소신은 오직 이 나라의 미래와 왕실의 안녕만 생각할 뿐이옵니다.

소신을 믿고 제 딸을 왕비로 받아 주시옵소서."

그 순간 정순 왕후는 김조순이 비록 시파였지만

정조 시절에 가끔 벽파의 편에 섰던 것을 떠올렸어요.

한편 조정에서는 대신들이 왕비 정하는 일을 두고 서로 다른
의견을 내놓았어요. 이때 김관주가 나서서 단호하게 말했어요.
"왕비를 정하는 일은 삼년상이 끝난 뒤에 논해도 늦지 않을 것이오."
그러나 아무도 그 의견에 선뜻 찬성하지 않았어요.
'함부로 김관주의 의견에 찬성했다가는
왕실의 일을 방해했다는 죄를 뒤집어쓸 수 있어.'
'정순 왕후의 생각을 알기 전에는 함부로 입을 놀려선 안 돼.'
대신들이 말을 아끼고 있는 사이에 왕실 종친들은 드디어
왕비를 정하기 위한 일을 진행하기로 결정했어요.
그리고 1802년 2월, 마침내 김조순의 딸이 왕비로 정해졌지요.
그로부터 2년 뒤인 1804년, 왕이 15세가 되자 몸이 쇠약해진 정순
왕후는 수렴청정을 거두어들였어요.
이때부터 조정은 김조순의 손안에 들어갔어요.
하지만 김조순은 정순 왕후가 죽을 때까지는 신중하게 움직였어요.

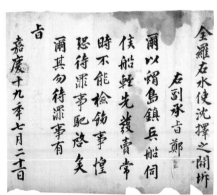

▲ 순조의 유지

'섣불리 나섰다가는 벽파 사람들에게 된서리를 맞을 수도 있다.

내가 지금 할 일은 세력을 키우는 것이다.

나머지는 정순 왕후가 죽은 뒤에 해도 늦지 않아.'

김조순의 바람대로 정순 왕후는 1805년에 숨을 거두었어요.

벽파의 기둥이었던 정순 왕후가 죽자,

김조순은 곧바로 정순 왕후 편이었던 김관주를 공격했어요.

"폐하, 김관주는 왕비 정하는 일을 방해하여

왕실 예법을 무너뜨리고자 했던 자입니다.

다시는 이런 일이 생기지 않도록 무거운 벌을 내리십시오."

김조순의 말 한마디에 김관주는 귀양 가는 신세가 되었고,

귀양지에서 병을 얻어 죽었어요.

김조순은 벽파 세력을 하나씩 몰아냈어요.

그러자 이번에는 조정이 시파 세력으로 채워졌어요.

어느 날, 김조순은 순조 앞에 나아가 말했어요.

▲ 세도 가문인 안동 김씨의 족보

김조순에서 비롯된 안동 김씨의 권력은 왕권을 넘어설 정도였대.

"폐하, 신은 이제 조정에서 물러나는 것이 옳다고 보옵니다."

"그게 무슨 말이오? 경이 옆에서 과인을 계속 지켜 줘야지요."

"신이 이대로 폐하 곁에 계속 있으면 백성들은 외척이 조정을
마음대로 주무른다고 욕할 것이옵니다."

김조순은 자신의 뜻대로 조정에서 물러났어요.

하지만 그는 조정의 중요한 자리를 모두 안동 김씨로 채워 놓았어요.

안동 김씨들이 판서와 정승, 참판 등 중요한 벼슬자리를 모두 차지하니
어느 누구도 안동 김씨 벼슬아치들을 공격하지 못했어요.

이때부터 안동 김씨의 독재가 시작되었어요.

이런 방식의 독재 정치를 흔히 '세도 정치'라고 해요.

세도란 원래 '세상을 바르게 다스리는 도리'라는 뜻으로,

중종 때의 조광조 같은
개혁파 인물이 내세웠던 통치
방법이었어요.

하지만 이후 세도 정치는
'임금의 사랑을 받는 신하나
친척들이 권력을 잡고
마음대로 나랏일을 하는 것'을
일컫는 말로 바뀌었어요.

세도 정치의 대표,
김조순!

나는 새도 떨어뜨릴
정도였다며?

계속되는 민란

안동 김씨의 세도 정치가 이어지면서 정치가 썩을 대로 썩었어요.

안동 김씨 세력은 온갖 나쁜 짓을 저질러 돈을 모았어요.

벼슬자리를 팔아먹기까지 했어요.

지방에는 탐관오리가 들끓어 백성들의 재산을 빼앗았어요.

견디다 못한 농민들이 곳곳에서 들고일어났어요.

"곡식을 다 빼앗아 가면 우리는 어떻게 살란 말이냐!

백성들은 죽어도 상관없단 말이냐.

오로지 제 욕심만 채우려는 조정을 깨부수자!"

이때 평안도에서 홍경래가 반란을 일으켰어요.

"탐관오리들의 약탈과 도둑질을 더 이상

참을 수 없다! 백성을 버린 왕과

안동 김씨들을 없애고

새로운 세상을 만들자!"

홍경래는 광산 노동자와

가난한 농부, 집과 재산을 잃고

떠돌던 백성들을 모으고,

스스로 '평서 대원수'가 되어

그들을 훈련시켰어요.

37

훈련이 마무리되고 군대가 갖추어지자,
홍경래는 각 지역에 편지를 보내 함께 싸우자고 부추겼어요.
반란군은 10일 만에 청천강 북쪽 10개 지역을 차지했지요.
이 소식을 듣고 조정은 발칵 뒤집혔어요.
"도대체 경들은 무엇을 했기에 백성들이 난을 일으킨단 말이오?"
"저들은 산적과 같은 자들일 뿐, 양민이 아니옵니다.
곧 토벌대를 보내 무찌를 테니, 염려하지 마옵소서."
그러나 홍경래의 난은 쉽게 끝나지 않았어요.
많은 백성들이 홍경래를 지지했기 때문이에요.

와아~

하지만 관군의 공격이 시작되자, 홍경래의 군대는
빠르게 무너졌어요. 후퇴를 거듭하다가
마지막으로 정주 읍성에 모였지요.
반군은 정주 읍성에서 무려 4개월을 버텼지만,
무기와 병사가 턱없이 부족하여
결국 질 수밖에 없었어요.

홍경래는 부자들의 재산을 빼앗아 백성들에게 나누어 주었어요.

백성들은 홍경래를 믿고 의지했어요.

"장군을 믿고 따르면 새로운 세상이 열릴지도 몰라."

그런데 민란을 이끈 지도자들은 대부분 양반 출신이었어요.

이들의 목표는 왕조를 뒤엎는 것이었지요.

성안의 백성들은 홍경래를 따르며 끝까지 항복하지 않았어요.

그러나 관군의 거센 공격을 더 이상 막아 낼 수는 없었어요.

홍경래 등 지도자들이 잡히자 민란은 끝이 났어요.

2,000명에 가까운 민란군도 잡혀 들어갔지요.

홍경래의 난이 진압된 뒤에도 크고 작은 민란이 끊이지 않았어요.

1821년에는 서쪽 지역에 전염병이 돌아 많은 백성들이 목숨을 잃었어요.

순조는 민란이 일어난 원인이 안동 김씨의 세도 정치에 있다고
생각하여 아들인 효명
세자에게 대리청정을 하게
했어요.
세자빈의 아버지 조만영과
풍양 조씨를 끌어들여
안동 김씨 세력을
누르려고 한 것이지요.

▲ 홍경래의 반란군이 관군과 싸웠던 정주성

하지만 갑자기 큰 권력을 갖게 된 풍양 조씨들 역시
안동 김씨 못지않게 못된 짓을 많이 했어요.
그 바람에 안동 김씨 세력을 누르려던
순조의 계획은 실패하고 말았지요.
순조는 안동 김씨와 풍양 조씨의 세도 정치에 시달리다
1834년, 45세에 세상을 떠났어요.

화성의 비밀을 밝혀라

정조는 개혁을 꿈꾼 임금이었어요. 이상적인 나라를 만들기 위해 수원에 새로운 도시 '화성'을 짓게 했지요. 화성 건설에는 최첨단 기술이 동원되었어요. 그 덕분에 2년여 만에 길이 5.4킬로미터, 행궁 600간, 수십 채의 누각과 4개의 장대를 갖춘 커다란 성이 완성되었어요.

🌸 새로운 정치를 펼칠 신도시

정조는 당파 싸움에 말려들어 뒤주에 갇혀 죽은 아버지 사도 세자의 묘를 지금의 수원인 화산으로 옮기고, 팔달산 아래에 살던 주민들을 이곳으로 옮겨 살게 했어요.

정조는 사도 세자의 능을 참배하기 위해 화산을 자주 찾으면서, 이곳에 새로운 도시를 짓고 혁신적인 정치를 펼치기로 마음먹었어요. 그래서 정약용 등 실학자들을 시켜 새로운 도시를 설계하게 했어요.

▲ 수원의 화성

▲ 화성장대

🌸 신기술로 이뤄 낸 놀라운 성과

화성 건설에는 채제공, 유득공, 정약용, 김홍도 등이 참여했어요. 이들은 동서양의 과학과 신기술에 관심이 많은 실학자들이었어요. 그래서 화성 건설에는 새로운 기계와 새로운 기술이 두루 사용되었지요.

바깥쪽 성벽을 쌓으면서, 안쪽은 지형에 맞춰 흙으로 메우는 방법, 화강암과 벽돌을 함께 쓰거나 벽돌과 목재를 적당히 섞어서 사용한 것 등이 그것이에요.

공사에 필요한 무거운 돌을 쉽게 옮기고, 노동력을 덜기 위해 거중기, 활차, 녹로 같은 새로운 기기도 발명하여 썼어요. 덕분에 길이 5.4킬로미터, 행궁 600간, 수십 채의 누각과 4개의 장대를 갖춘 커다란 성을 2년이라는 짧은 기간에 완성할 수 있었답니다.

❀ 정약용의 눈부신 활약

정약용은 우리나라를 대표하는 실학자예요. 실학이란 사람이 살아가는 데 도움이 되는 학문을 말해요. 정약용은 앞선 나라의 사상과 기술을 받아들여 백성들이 살기 좋은 나라를 만들어야 한다고 생각했어요. 화성을 쌓을 때 사용한 거중기도 이런 생각에서 나온 발명품이에요.

정약용은 화성을 쌓는 데 큰 공을 세운 인물이에요. 성 쌓기 공사에 필요한 다양한 장비를 만들었거든요. 성곽을 쌓는 일에는 무거운 돌이 많이 필요해요. 사람들이 돌을 일일이 날라야 하므로 몹시 힘들고, 공사도 느리게 진행되지요.

▲ 정약용

정약용은 백성들의 고생을 덜어 주고 공사 기간을 줄이기 위해 도르래의 원리를 이용한 거중기를 만들어 성을 쌓을 때 사용하도록 했어요.

▲ 화성을 쌓을 때 사용된 거중기

또 녹로라는 기구도 사용했는데, 거중기와 마찬가지로 큰 돌을 들어올리는 기구로, 긴 줄에 돌을 매달아 갈퀴 같은 것으로 줄을 잡아당겨 원하는 곳으로 돌을 옮기는 거예요.

한국사 돋보기

임금님은 하루에 몇 끼를 먹었을까?

조선 시대 왕들은 하루에 다섯 번 식사를 했어요. 새벽상, 아침상, 점심상, 저녁상, 밤참상을 받았지요. 밥과 국, 여러 가지 반찬이 오르는 12첩 반상을 두 번 받고, 세 번은 죽이나 국수, 다과 등을 차린 간식이었어요.
왕들은 궁안에서도 가마를 타고 이동했기 때문에 운동량이 많이 부족했어요. 두뇌 활동에 에너지가 가장 많이 쓰이지만, 신체 활동에 비해 음식을 너무 많이 먹었어요. 그 탓인지 몸이 약한 왕이 많았고, 평균 수명도 44세밖에 되지 않았어요. 가장 오래 산 임금은 82세까지 산 영조예요. 영조는 식사를 조금만 하고, 몸을 부지런히 움직였대요.

조선 시대 왕들은 하루 다섯 끼를 먹었대.

공부 벌레 정조의 야심작, 규장각

정조는 요즘말로 '공부 벌레'였어요. 학문을 좋아하여 틈만 나면 신하들과 토론을 벌였고, 책을 열심히 읽었으며, 글씨와 그림 그리기도 즐겼어요. 정조는 창덕궁 뒤뜰에 규장각을 짓고, 똑똑한 젊은 학자들을 적극적으로 밀어주었어요.

❀ 젊은 학자들의 연구 기관

정조는 왕이 된 직후 창덕궁 뒤뜰에 2층으로 된 규장각을 지었어요. 1층은 책을 보관하는 도서관으로, 2층은 독서실로 꾸몄어요. 정조는 궁중에 있는 책을 모두 규장각으로 옮기고, 젊은 학자들을 규장각 관리로 임명해 수시로 정치를 의논하고, 학문을 연구하게 했어요.

규장각 관리가 잘못을 저질렀을 경우 왕의 허락이 있어야 벌을 줄 수 있고, 손님이 와도 자리에서 일어나 맞이하지 말라는 규정이 있을 정도로 정조는 규장각 학자들을 아꼈다고 해요.

❀ 왕을 가까이에서 모실 수 있는 규장각 관리들

전국에서 내로라하는 똑똑한 학자들이 규장각 관리로 임명되었어요. 규장각 관리가 되면 공부를 마음껏 할 수 있을 뿐만 아니라 아침저녁으로 왕을 만날 수 있었어요. 정조 6년에는 유득공, 박제가, 이덕무, 서이수 등이 규장각 검서관에 임명되었어요. 이들은 모두 조선의 과거 제도에서는 관리가 될 수 없는 서얼 출신이에요. 서얼은 본부인이 아닌 여자의 자식이나 그 후손을 말해요. 규장각 검서관은 책을 펴내고 교정하는 일을 했어요. 높은 벼슬은 아니지만 왕을 가까이에서 모실 수 있어 모두가 부러워하는 자리였지요.

한눈에 보는 연표

1770

정조 즉위, 규장각 설치 ➡ 1776 ⬅ 미국 독립 선언
이승훈, 천주교 전도 ➡ 1784
〈대전통편〉 완성 ➡ 1785 ⬅ 카트라이트 역직기 발명
서학을 금함 ➡ 1786
1789 ⬅ 프랑스 혁명, 인권 선언

▲ 마테오 리치가 한문으로 쓴
천주교 교리를 번역한
〈천주실의〉

1790

화성 축조 시작 ➡ 1792
정조의 화성 행차 ➡ 1795
1796 ⬅ 영국의 제너, 종두법 발견

▲ 천연두 예방법을 알아낸
영국의 의학자 제너

순조 즉위 ➡ **1800**

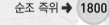

신유 박해 ➡ 1801 ⬅ 영국, 아일랜드 합병
1804 ⬅ 프랑스, 나폴레옹 1세 즉위
1806 ⬅ 신성 로마 제국 멸망

1810

홍경래의 난 ➡ 1811
정약용 〈경세유표〉 ➡ 1814 ⬅ 빈 회의(~1815)
저술

나폴레옹

프랑스 혁명으로 혼란
해진 틈을 타서 권력을
잡고 1804년에 스스로
프랑스 왕이 되었어요.

〈화성능행도〉 중
한강을 건너는 모습

정조가 아버지인 사도 세자
의 묘를 참배하러 갈 때 배
들을 잇대어 임시 다리(배다
리)를 만들어서 강을 건너는
모습이에요.

> 정약용이 처음
> 비디리를
> 생각해 냈어.

1830 ⬅ 프랑스 7월 혁명

천주교, 조선 교구 설치 ➡ 1831
헌종 즉위 ➡ 1834

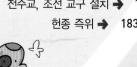

> 나폴레옹은
> 신성 로마 제국을
> 멸망시켰어.